Vida latina

VIDA EN FAMILIA

VIDA LATINA

VIDA EN FAMILIA

Texto de Isabel B. Villaseñor
Versión en español de Argentina Palacios

Rourke Publications, Inc.

Dedicado a Juan Felipe

Se agradece a las siguientes fuentes por el uso de sus fotografías en este trabajo: Gail Denham, págs. 2, 15, 21, 25; James L. Shaffer, págs. 7, 8, 16, 29, 32; Robert Fried, págs. 10, 18; Claire Rydell, pág. 17; Claire Rydell, pág. 14; Bob Daemmrich, págs. 24, 43; Jim Whitmer, págs. 27, 37; Rick Reinhard/Impact Visuals, pág. 30; Elaine Querry, pág. 39; Fred Chase/Impact Visuals, pág. 40.

Producido por Salem Press, Inc.

© 1995, Rourke Publications, Inc.
All rights in this book are reserved. No part of this work may be used or reproduced in any manner whatsoever or transmitted in any form or by any means, electronic or mechanical, including photocopy, recording, or any information storage and retrieval system, without written permission from the copyright owner except in the case of brief quotations embodied in critical articles and reviews. For information address the publisher, Rourke Publications, Inc., P.O. Box 3328, Vero Beach, Florida 32964.

∞ El papel usado en estos volúmenes está en conformidad con el American National Standard for Permanence of Paper for Printed Library Materials, Z39.48-1984.

Library of Congress Cataloging-in-Publication Data
Baeza, Silvia P., 1959-

Villaseñor, Isabel B., 1965
    Vida en familia/texto de Silvia P. Baeza; versión en español de Argentina Palacios.
        p.   cm. — (Vida latina)
        Versión original en inglés.
        Incluye referencias bibliográficas (pág.) e índice.
        ISBN 086625-561-3
        1. Familias hispano-americanas—Literatura juvenil. I.
Título. II. Series.
E184.475V57 1995
306.8'08968—dc20   95-23126
                                                          CIP
                                                           AC

Primera impresión

IMPRESO EN LOS ESTADOS UNIDOS DE AMÉRICA

ÍNDICE DE MATERIAS

Capítulo 1   *La familia*   6

Capítulo 2   Estructura de la familia   9

Capítulo 3   Papeles tradicionales de la familia   13

Capítulo 4   La vida en Estados Unidos   17

Capítulo 5   Lealtad, respeto y fe   23

Capítulo 6   Bautizos, bodas y funerales   28

Capítulo 7   La familia latina cambia   36

              Organizaciones latinas   44

              Glosario   45

              Bibliografía   47

              Índice   48

Capítulo 1

LA FAMILIA

Para los latinos, decir "la familia" tiene un significado muy especial. Esta frase implica amor, guía, protección y ayuda. La familia es una fuente de estabilidad en un mundo que cambia. Proporciona lo que necesita una persona, tanto física como emocionalmente, no sólo durante la niñez sino toda la vida. No debe sorprender, entonces, que para una persona latina, la vida se centra en la familia.

MUCHOS LATINOS, MUCHAS DIFERENCIAS

Es difícil hablar de *la* familia latina por distintos motivos. En primer lugar, los latinos consisten en muchos pueblos distintos, con antepasados de países tan diversos como México, Cuba y Puerto Rico. Igualmente, las familias latinas pueden tener diferente nivel económico, social (clase alta, media o baja) y educativo, así como situación geográfica. Ciertas familias trazan sus raíces a antepasados españoles; otras, a mayas o aztecas. Ciertas familias emigraron a Estados Unidos en su totalidad; otras tienen miembros nacidos en Estados Unidos; y en un tercer caso, todos los miembros son nacidos en Estados Unidos.

Sin embargo, todas las familias latinas comparten ciertas características. En cuanto a idioma, religión, filosofía de la vida, estructura de la familia y papel de cada miembro dentro de la misma, existe más parecido que diferencia entre los distintos grupos latinos.

Este libro describe lo que podríamos llamar una familia latina "típica" y los valores comunes a los distintos miembros

Las familias latinas pueden incluir varias generaciones: los abuelos, los padres y los hijos.

de este grupo étnico. Pero hay que tener en cuenta que toda familia latina es una entidad única y no hay dos exactamente iguales. Una familia latina a la cual pertenece o conoce uno puede ser distinta de la descrita en este libro.

VALORES DE LA FAMILIA

La familia es la fuente primaria del comportamiento y la identidad de una persona de origen latino, de modo que el individuo queda en segundo lugar, después de la familia. Por ejemplo, una persona es, sobre todo, miembro de la *familia* Baca o Villaseñor antes que un *individuo* de nombre María. Él o ella es representante o símbolo de su familia. Sus acciones le pueden dar honra o vergüenza a toda la familia.

Los latinos tienen un gran sentido de obligación para con la familia y se sienten responsables por los otros miembros de la misma. Se sobreentiende que los que tienen buenos empleos van a ayudar a los menos afortunados, con dinero, con ayuda emocional y guía. A su vez, cada uno espera esa ayuda de los demás en tiempos de necesidad. Un latino busca ayuda fuera del seno familiar sólo en circunstancias muy especiales.

Para un latino o una latina, la familia es la prioridad mayor. Si ésta lo necesita, él o ella pierde un día de trabajo o cancela cualquier otro plan. Si la mamá de un muchacho no habla inglés, por ejemplo, y su hermanita está enferma y tiene que ir al médico, el muchacho no va a la escuela ese día y va con su mamá y su hermanita a la clínica para servir de intérprete.

Como se ve, los lazos familiares latinos son muy fuertes. Existe un profundo sentido de compromiso, obligación y responsabilidad con la familia y ésta, a su vez, ofrece soporte y protección de por vida. Mientras uno mantenga su lealtad con la familia y no haga nada desafortunado, ésta estará siempre a su lado, dispuesta a darle su ayuda.

Capítulo 2

Estructura de la Familia

La familia latina se puede dividir en dos grupos principales: la *familia nuclear* o inmediata y la *familia extensa*. Ambos grupos se apoyan uno sobre el otro en la vida diaria y en los momentos críticos.

La familia nuclear o inmediata

Los miembros de la familia nuclear o inmediata son el padre, la madre y los hijos. Tradicionalmente, es una familia grande, con tres, cuatro o más hijos, por la creencia generalizada de que sólo Dios, no el padre y la madre, debe determinar el número de vástagos de la familia. En generaciones anteriores, y aún en las más tradicionales de nuestros días, eran o son comunes familias más grandes que las angloamericanas. Sin embargo, los tiempos cambian y, actualmente, más familias latinas están limitando el número de hijos que tienen. Así, pues, las familias latinas grandes no son ahora tan comunes como antes.

Ya sea la familia grande o pequeña, los hijos tienden a irse por su cuenta mucho más tarde que otros. A cualquier edad, "la casa" a la cual se refieren es la de sus padres. Son pocos los padres latinos que tienen la experiencia del "nido vacío" porque sus hijos siempre se encuentran bastante cerca.

Los miembros de la familia nuclear son el padre, la madre y los hijos.

LA FAMILIA EXTENSA

La familia extensa latina incluye todos los miembros
de la familia nuclear inmediata más los padres, tíos,
primos y padrinos. El parentesco es por lazos sanguíneos
o matrimoniales, o puede que no exista parentesco alguno.
Los padrinos, por ejemplo, pueden ser amigos muy
allegados a la familia a quienes los niños a veces
llaman "tía" o "tío", aunque no lo sean.

Estos parientes, por consanguinidad o amistad,
pasan mucho tiempo juntos. Es tradicional en estas
familias que las mujeres se dediquen a los quehaceres
domésticos: lavar, cocinar, atender a los niños. Los
hombres van a su trabajo y muy raras veces ayudan
en la casa, pero sí ayudan a otros hombres de la familia
a trabajar en el patio, hacer reparaciones en la casa o
buscar empleo.

Tal vez el papel más importante de cada uno de los
miembros de la familia extensa es estar disponible para
cualquier otro miembro que lo necesite. Algunos pueden
hacer las veces de padres. Por ejemplo, los abuelos juegan

*La familia
extensa incluye
la familia nuclear
y los abuelos,
tíos y padrinos.*

con los pequeños y aconsejan a los adolescentes. Es común que las relaciones entre primos, especialmente los primos hermanos, sean entrañables, como las de hermanos y hermanas. Otra función de la familia extensa es intervenir en disputas entre miembros de la familia nuclear, como prevenir problemas serios cuando los padres tienen dificultades con los hijos.

APELLIDOS O NOMBRES DE FAMILIA

Los apellidos latinos indican quién está relacionado con quién. Por lo general, la familia latina emplea dos apellidos, es decir, nombres de familia, ya sea que la persona esté soltera, casada o divorciada. El nombre completo incluye (1) el nombre de pila o nombre dado, (2) tal vez un nombre del medio, (3) el primer apellido del padre, (4) el primer apellido, o *apellido de soltera*, de la madre.

El orden de los apellidos indica la importancia tradicional masculina. Cuando un hombre y una mujer se casan, el nombre de la mujer cambia pero el del hombre no. Por ejemplo, una familia puertorriqueña puede tener el padre, la madre, una hija y un hijo. El nombre completo del padre es *Ricardo Antonio Baca Chávez*. El nombre completo de la madre antes de casarse era *María Isabel Mares Gonzales*. Cuando se casó con Ricardo, abandonó su segundo apellido, o sea, el apellido materno, *Gonzales*. Lo reemplazó con el apellido paterno, o primer apellido, de su esposo, *Baca*. Ahora se llama María Isabel Mares de Baca.

Los hijos de esta pareja se apellidan Baca Mares— el primer apellido, o apellido paterno, del padre; y el primer apellido, o apellido paterno, de la madre. El nombre completo del hijo es *Juan Felipe Baca Mares*. *Juan* es el nombre de pila, *Felipe* es el nombre del medio, *Baca* es el apellido paterno del padre, *Mares* es el apellido paterno de la madre. La hija se llama *Carmen Patricia Baca Mares*. Si Juan se casa, seguirá llamándose "Juan Felipe Baca Mares", pero si Carmen se casa con Antonio Badillo, se

Los apellidos latinos y cómo se emplean

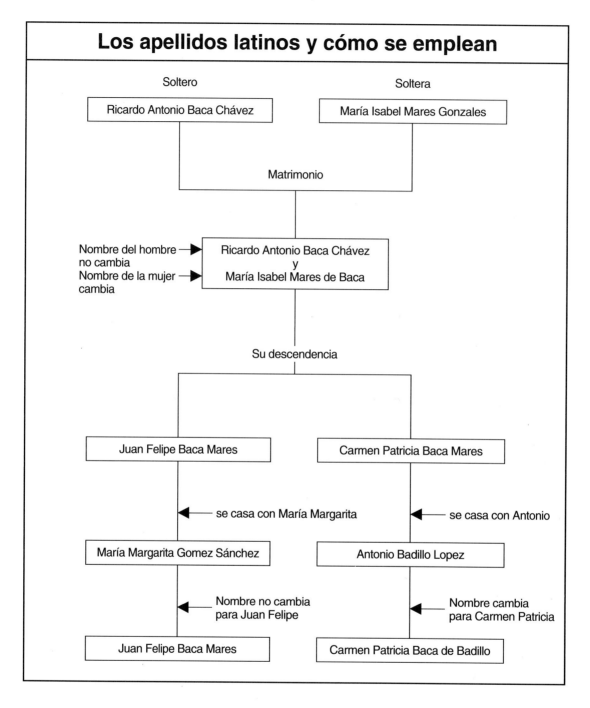

llamará "Carmen Patricia Baca de Badillo". Seguirá
teniendo dos apellidos, pero uno es el apellido paterno
de su padre, Ricardo, y el otro, el apellido paterno de su
esposo, Antonio. Se ve así fácilmente la importancia
tradicional del hombre en la cultura latina.

Capítulo 3

PAPELES TRADICIONALES DE LA FAMILIA

Una *tradición* es una manera de hacer las cosas como la hacían los antepasados, algo que pasa de la generación de los tatarabuelos a la de los abuelos a la de los padres a los hijos. Las tradiciones son muy importantes para los latinos, especialmente en asuntos de familia. Algunas de estas tradiciones sirven para preservar la cultura, pero otras van cambiando de acuerdo con las necesidades de la familia.

PADRES LATINOS Y MADRES LATINAS

En la familia tradicional latina, el padre es el jefe de la familia: manda en la casa y toma la mayor parte de las decisiones para todos mientras que los demás tienen que obedecerle y respetarlo. Esta tradición se conoce como *patriarcado*.

El padre tiene las responsabilidades que van con el poder. Tiene que ser justo, respetar a su esposa y a sus hijos al igual que recibir el respeto de los mismos, proteger a su familia y trabajar muy duro para cubrir los gastos y dar de comer a todos los que dependen de él. La única justificación para faltarle el respeto es si él es injusto, si miente, si hace daño a algún miembro de la familia o le falta el respeto a la familia de cualquier otra manera. Cuando el padre no se encuentra

Las personas mayores tal vez echan de menos a su patria. Tal vez no hablan inglés y pueden sentirse muy solos en el nuevo país.

en casa, el hijo mayor asume sus funciones y las hermanas y los hermanos menores tienen que obedecerle.

La madre latina tradicional tiene que atender su casa y mantener unida a la familia. Cocina, limpia y se ocupa de los niños, a quienes enseña las tradiciones y valores religiosos de la familia. La señora no trabaja fuera de su casa.

Sin embargo, las cosas van cambiando. Hoy día, más madres latinas asisten a la escuela y trabajan fuera de su casa; y más padres latinos ayudan con los quehaceres domésticos y el cuidado de los niños. Hoy día, los padres no siempre toman las decisiones solos, sino que lo hacen con la ayuda de las madres. En el capítulo 7 se verán más cambios en la familia tracional latina.

LOS ABUELOS

Los latinos quieren y respetan mucho a *los abuelos* y son corteses con ellos. Por ejemplo, cuando los abuelos y los padres de alguien están viejos y solos, a menudo van a vivir en casa de un hijo o nieto; los abuelos esperan que sea así. Por eso, en las familias latinas no existen grandes problemas de la ancianidad ni miedo de la misma: no se mete a los viejos en asilos u hogares de ancianos sino que

Los niños aprenden cómo son las cosas en Estados Unidos y hacen nuevos amigos.

permanecen con la familia.

Sin embargo, esta costumbre presenta sus dificultades.
A veces, varias generaciones viven juntas, como se describe
en el capítulo siguiente, y los abuelos, padres e hijos no se
llevan totalmente bien. Los abuelos no siempre entienden
las nuevas ideas y costumbres de los hijos, como que el
padre y la madre trabajan y los nietos no pasan mucho
tiempo en casa. Los abuelos pueden pasar solos todo el
día y sentirse abandonados y hasta con miedo.

LOS NIÑOS LATINOS

Los nietos ayudan a resolver estos problemas porque
saben que los abuelos han dado su vida por la familia y
ahora requieren ayuda y la esperan, ya sea por enfermedad
o falta de dinero. Esta manera de vivir ha servido a muchas
generaciones latinas: los niños aprenden a querer y obedecer
a los mayores; los padres y los abuelos crían a los hijos,
hacen los quehaceres domésticos y les proporcionan
cariño y guía.

*Los latinos
atienden a los
abuelos. Los
abuelos les dan
amor y guía.*

Capítulo 4

LA VIDA EN ESTADOS UNIDOS

Una de las características de la familia latina es que es *multigeneracional*. Dicho de otro modo, consiste en abuelos, padres e hijos y, a veces, los tatarabuelos. Las experiencias de cada generación son muy distintas, por lo tanto, cada una tiene distintas ideas de lo que es importante y lo que no lo es, lo cual puede provocar choques entre una generación y otra. Estas brechas generacionales a veces se amplían cuando se tienen que ajustar a la vida en Estados Unidos.

EMIGRACIÓN A ESTADOS UNIDOS

En una familia latina, algunos miembros pueden haber nacido en un país hispanohablante, o hispanoparlante, como México. Emigraron a Estados Unidos, país que hicieron su nueva patria, primero como *residentes* y luego como *ciudadanos*. Otros miembros de la misma familia nacieron en Estados Unidos. Los abuelos y los padres inmigrantes tienen hijos que automáticamente son ciudadanos por haber nacido en el país. De ese modo, en una misma familia latina, unos tienen una cierta cantidad de tiempo de vivir en Estados Unidos y otros, otra. Cada uno tiene una conexión distinta al país y su cultura.

Los jóvenes latinos que crecen en Estados Unidos crean su propia cultura, estadounidense y latina.

Esta situación puede crear problemas cuando distintas costumbres estadounidenses chocan con las tradicionales de la vieja patria. Digamos que María, una niña mexicoamericana de nueve años, llegó a Estados Unidos a los tres años. Nació en México. Sus padres llegaron a Estados Unidos de adultos. Sus abuelos llegaron hace sólo dos años. Su hermanito nació en Estados Unidos el año pasado.

Todos los miembros de esta familia han vivido en Estados Unidos distinto número de años—María, casi toda su vida; su hermanito, toda su vida y es ciudadano. Los padres han vivido gran parte de su vida adulta en Estados Unidos, aunque nacieron y pasaron su niñez en México; los abuelos, que nacieron y pasaron casi toda su vida en México, sólo dos años.

Es natural que los abuelos echen de menos a su país. Las tiendas, los programas de televisión, la música de Estados Unidos y hasta la comida son distintos. Los abuelos quieren compartir su experiencia, conocimientos y creencias con sus hijos y nietos. Pero los nietos ya forman parte de la "nueva cultura" y a veces rechazan completamente la vieja. Los abuelos se entristecen y a veces se enojan.

Los padres quieren ser como los abuelos en ciertas cosas pero en otras, se ven forzados a cambiar. Tienen que encontrar empleo en Estados Unidos y para eso, tienen que aprender inglés. Tienen que saber ir de compras, usar el correo y el banco. Además, tienen que aprender sobre las actitudes y valores de sus nuevos vecinos y compañeros de trabajo. Lo que se considera conducta adecuada e inadecuada en Estados Unidos y en el otro país puede ser distinto. Por ejemplo, es posible que la mamá de María tenga que buscar trabajo porque necesitan el dinero. En la nueva cultura, se le va a reconocer el valor de ir a trabajar para ayudar a su familia económicamente, pero en la cultura de su país, no se ve bien esta conducta.

Al crecer, María y su hermano no se van a acordar de cómo eran las cosas en México, sólo saben cómo son en Estados Unidos. Tienen que funcionar en dos ambientes distintos: en casa, donde todavía se adhieren a la vieja cultura en muchas cosas; y en la escuela, donde la cultura estadounidense predomina. En casa, los abuelos y los padres esperan que se comporte de una manera; en la escuela, actúan como sus otros compañeros. Los abuelos tal vez consideren que María y su hermano están creciendo de modo distinto, pero los niños no advierten cambios. A la salida de la escuela, escuchan programas de radio y ven videos norteamericanos. Su mamá tal vez les sirve arroz con pollo, pero a María y su hermano también les gustan los perros calientes, las hamburguesas y las bebidas gaseosas. La cultura de los niños no es ya puramente mexicana, es *mexicoamericana*, latina pero estadounidense.

Los abuelos de María han vivido su vida de una manera; sus padres mexicanos la han vivido de otra; y María y su hermano la van a vivir de una tercera manera. Las tres generaciones tienen distintas experiencias y actitudes en cuanto a la vida en Estados Unidos.

LA BARRERA LINGÜÍSTICA

Tal vez la diferencia más importante entre los miembros de una familia latina multigeneracional es la lingüística. Como todos han vivido en Estados Unidos distinto tiempo, el conocimiento del inglés que tiene cada uno es también distinto.

Para la generación de los mayores, el inglés puede ser toda una lucha. Los abuelos y los padres que emigran a Estados Unidos por lo general han hablado español toda su vida. Ahora tienen que aprender distintas maneras de comportarse y hacer las cosas

Muchas familias latinas hablan español e inglés. Los niños aprenden inglés en la escuela.

y, lo más difícil, otro idioma. El aprendizaje puede ser más lento para los adultos que para los niños. Además, a los adultos se les dificulta asistir a la escuela porque tienen que trabajar y aprender el idioma en el trabajo. El inglés que aprenden no siempre es correcto. Aun después de nacionalizarse, otros estadounidenses notan el acento y el uso incorrecto de la lengua y tal vez los llamen "extranjeros". Por último, no todos los latinos, especialmente los abuelos, tienen ganas de aprender inglés. Tal vez prefieren, e insisten en, que los padres y los nietos les hablen en español. Esto crea una barrera entre las viejas y las nuevas generaciones, una *barrera lingüística*.

Las cosas son muy distintas para los jóvenes latinos. En la escuela aprenden inglés a edad temprana. Para muchos, el inglés se convierte en su idioma principal o primario y con el tiempo, puede que se olviden del español por completo. Tal vez no entiendan todo lo que los abuelos les dicen, y así, la barrera se hace mayor.

En cierto modo, los niños son los que sufren más: en la escuela, a menudo los ridiculizan porque hablan inglés imperfectamente, con "acento extranjero". Los niños latinos se avergüenzan porque no hablan inglés con la misma soltura que sus compañeros angloamericanos. En casa, están perdiendo su soltura en español y puede que eso los aleje de la familia. Para los jóvenes latinos puede existir un problema de identidad: ¿quién soy, Eduardo o Eddie? ¿María o Mary?

Por último, ciertos miembros de la familia, generalmente los abuelos, tal vez sigan hablando sólo español. Los padres tal vez entiendan tanto español como inglés. Los hijos acaban hablando sólo inglés y si tienen suerte, mantienen un conocimiento rudimentario del español. Esta creciente barrera lingüística amenaza con la destrucción de la familia, pero, por fortuna, los lazos son tan fuertes que sobreviven las presiones de la misma.

Capítulo 5

LEALTAD, RESPETO Y FE

Los latinos comparten varias creencias: la *lealtad* a la familia, el *respeto* mutuo y la *fe*, todo lo cual tratan de practicar en la vida diaria. Estos valores tradicionales les permiten establecer su identidad propia y la de su familia.

LEALTAD A LA FAMILIA

La familia latina siente la obligación de proteger y ayudar a todos y cada uno de sus miembros; la familia, a su vez, espera lealtad. La *lealtad* significa actuar siempre en pro de la familia—estar a su lado, sea como sea. Cada uno puede depender de otro; así es como demuestran su amor mutuo. Para los latinos, la familia es lo más importante.

Los eventos principales de la vida—nacimiento, matrimonio y muerte—son asunto de familia y por eso la familia nuclear celebra y guarda duelo junta. La identidad que establece la familia latina cuenta con cariño y apoyo. Si una persona de origen latino no cuenta con esa fuente de apoyo emocional, posiblemente se siente perdida.

Para los latinos, la familia es lo primero.

RESPETO

La cultura latina estima sobremanera el respeto y la dignidad. *Respeto* significa preocuparse por los demás y por sí mismo. Este respeto presenta dos formas principales: el autorrespeto o respeto propio y el respeto a la autoridad. Es común, por ejemplo, oír a alguien decir que *soy pobre pero honrado,* y hasta sentir orgullo de describir a la familia de este modo. Además, es importante hacer énfasis en el "yo interior". Para muchos, una persona es insuperable y respetable cuando es "buena", cuando tiene virtudes morales y respeta a los demás. El triunfo o éxito no se define exclusivamente porque hay dinero o bienes materiales.

Las familias latinas también enseñan a los hijos el *respeto a la autoridad.* Los niños deben poner atención y obedecer a los mayores. Al crecer, aprenden a atender a sus padres y abuelos, a quienes se respeta, se honra y se obedece. Los padres regañan o castigan a los hijos por

Los miembros de las familias latinas a menudo trabajan juntos.

desobedecerles a ellos o a otras figuras de autoridad, tales como policías y maestros. Las malas maneras y la descortesía no se toleran. En las familias tradicionales, especialmente, se castiga a las muchachas, más que a los muchachos, por llegar tarde. Los niños pueden estar en desacuerdo con sus padres, abuelos o maestros, pero tienen que expresar su opinión y sentimiento de una manera cortés y respetuosa.

LOS LATINOS Y LA FE ESPIRITUAL

Fe significa creencia en algo. Los latinos creen en la familia y en Dios. El grado de creencia, devoción y práctica religiosa varía entre una persona y otra, pero la mayoría considera que las cosas pasan, como dicen muchos, *si Dios quiere*.

Tradicionalmente, las mujeres han tenido la responsabilidad de la educación espiritual de los hijos. Son ellas las que rezan y van a la iglesia y enseñan los valores religiosos de la familia a los pequeños. Para muchos, esto significa los dictados de la iglesia católica. La mayor parte de los latinos recibe el bautismo católico, aunque en muchos casos resultan católicos sólo de nombre. Puede que vayan o no vayan a la iglesia, se confiesen y comulguen. Pero, aún así, creen en Dios y en Jesucristo y confían en los designios de Dios, aunque no siempre sigan los dictados de su iglesia.

Otros latinos son miembros de distintos credos religiosos. Hay quienes pertenecen a iglesias protestantes: episcopal, presbiteriana, bautista, evangélica, metodista o pentecostal. En muchos casos, han abandonado la iglesia católica en busca de una iglesia más a tono con sus necesidades espirituales y sociales, tales como un lugar cercano para venerar a Dios, una comunidad especial de personas o diversas actividades sociales.

Cualquiera que sea su religión—católica, protestante u otra—la mayor parte de los latinos aprecian su relación con Dios. Necesitan a Dios en su vida y enseñan a sus

*Los latinos
tienen una gran
fe en Dios.*

hijos a necesitar, amar y confiar en Dios de igual manera.
La iglesia es parte esencial de la vida latina. Allí se celebran
los eventos importantes, las celebraciones espirituales que
le dan significado a la vida: bautizos, bodas y funerales.

Capítulo 6

Bautizos, bodas y funerales

Al igual que todo el mundo, para los latinos, un nacimiento es un acontecimiento de importancia, como lo son también el matrimonio y la muerte. Estos eventos especiales, o *ritualess*, que marcan los bautizos, las bodas y los funerales son ocasiones que ilustran la unión de las familias y la espiritualidad de la vida latina.

Nacimiento

El nacimiento de un niño es un momento de júbilo y da ocasión a la gran celebración del bautizo, que ocurre por lo general de tres a quince semanas después del nacimiento. Para los católicos, es importante que se bautice a la criatura pronto porque si un niño sin bautizar muere, se cree que su alma va a parar al limbo, un lugar donde las almas no sufren pero no pueden estar en presencia de Dios.

Los bautizos son ocasiones sociales donde se forma una nueva relación de parentesco, el *compadrazgo*. Éste es un lazo entre los padres y los padrinos de la criatura. Los *compadres* se convierten en "co-padres"; la criatura

El bautizo de un recién nacido es un evento muy importante para muchas familias latinas.

es el *ahijado* o la *ahijada*. Los *padrinos* son el *padrino* propiamente dicho y la *madrina*. Según la tradición latina, los padrinos son quienes compran la camisa o camisón de bautismo de la criatura.

La ceremonia de bautismo incluye a los padres, los padrinos, el resto de la familia nuclear y, a veces, miembros de la familia extensa y los amigos más allegados. La ceremonia puede ser de distintas maneras, según la iglesia, pero la "típica" católica consiste en cuatro partes. Primero, el padre o sacerdote unta óleo en la frente de la criatura; segundo, se lava el cuerpecito de la criatura con agua bendita, o sólo se le echa agua en la frente; tercero, los padres encienden una vela; cuarto, los padrinos dan cierta cantidad de dinero a la iglesia. Cada paso tiene su significado: el óleo, el agua bendita y la vela representan el principio de la vida religiosa de un nuevo cristiano.

A la ceremonia religiosa le sigue una fiesta, que pueden hacer los padres o los padrinos en la casa, o en un restaurante o salón de fiestas. La clase y la magnitud de la fiesta dependen del número de invitados. Cuando sólo asisten los miembros de la familia nuclear, puede ser un desayuno o un almuerzo. Otras veces, todos los miembros de la familia extensa, así como amigos y vecinos, asisten a una fiesta grande.

Después del bautizo y la fiesta, los padres y los padrinos a veces mantienen estrechos los lazos y a veces no. Por tradición, las personas que aceptan el papel de padrinos se comprometen a atender a la criatura si los padres quedan incapacitados o mueren. En la relación tradicional, los padrinos puede que visiten al ahijado o a la ahijado todos los días o una vez por semana. Pero con el tiempo, esta relación se ha debilitado. Hoy día, ciertos padrinos tal vez ven a

Cuando una muchacha latina cumple quince años, la familia le hace una gran fiesta de quinceañera, con lo cual se indica que ya no es niña sino señorita.

sus ahijados a menudo, pero otros, sólo una vez al año o durante ocasiones especiales. Los padrinos muchas veces proporcionan guía espiritual, pero los padres no esperan que se hagan cargo de sus necesidades físicas. Para esto último dependen de la familia.

MATRIMONIO

Los latinos consideran que es importante conocerse bien antes de casarse. En la cultura tradicional latina, no se acostumbraba "salir" de cita con nadie. Se consideraba indecente e inmoral salir con una persona joven del sexo opuesto sin supervisión de un adulto. El *cortejo* era lo acostumbrado. En ese período, el muchacho pedía permiso para visitar a la muchacha en su casa. Se reunía con los padres y el resto de la familia para darse a conocer. Los padres de la joven decidían si éste era el partido apropiado para su hija.

Los padres de la muchacha eran quienes le daban el permiso a la pareja para salir juntos, pero siempre en compañía de un *chaperón* o *chaperona*, alguien de confianza. Por lo general, este papel lo hacían los hermanos o las hermanas de la muchacha. Su función era estar al tanto de que los enamorados se comportaran debidamente. Una joven sin chaperonear no merecía el respeto de la comunidad y avergonzaba a la familia.

El joven cortejaba a la joven varios meses. Se llegaban a conocer mutuamente así como a sus respectivas familias. Sólo entonces le proponía matrimonio el joven a la joven. La *pedida de mano* era y es un evento formal. El muchacho se presentaba en casa de la muchacha acompañado por su familia. El muchacho y su familia pedían permiso para que los jóvenes se casaran. Ambas familias entonces entraban en conversaciones sobre sus respectivos vástagos, para decidir si la pareja se acoplaba bien.

Actualmente, en la mayoría de los casos, ambas familias lo hacen sólo por tradición. Cuando el muchacho habla de la *pedida de mano*, se sobreentiende que la pareja se va a casar. La reunión de la familia es, en realidad, para empezar los preparativos de la boda. Se trata entonces de asuntos prácticos—si los recién casados tendrán suficiente dinero para mantenerse y cosas así. Para las familias latinas es importante que sus vástagos estén protegidos en todo momento.

Durante la *pedida de mano*, la pareja anuncia el día de la boda, se ofrece un brindis por la pareja y empiezan los preparativos para la ceremonia nupcial. Ambas familias comparten el trabajo y los gastos. La pareja selecciona a la

Las bodas latinas a menudo son grandes y después hay una gran fiesta.

dama y al caballero o chambelán de honor, las otras
damas y los otros caballeros o chambelanes, las floristas
y los acompañantes o ujieres. A la dama y al caballero
de honor se les llama *padrinos de lazo*. El lazo en este
caso es un rosario grande con el cual los padrinos cercan
a los novios durante la ceremonia. El simbolismo de esto
es que la pareja está unida ante los ojos de Dios.

La pareja también elige a los *padrinos de arras*,
una de las damas y uno de los caballeros. Las arras son
monedas que se dan a la pareja para significar que el
esposo va a mantener a la esposa, que con su trabajo
no le va a faltar nada a la nueva familia. Con el tiempo,
el significado de las monedas ha cambiado. Como hay
más mujeres que trabajan y reciben sueldo, las *arras*
simbolizan ahora la esperanza de que, entre los dos,
van a ganar más dinero.

Se elige a otra dama y otro caballero para ser *padrinos
de anillos*. Éstos son los encargados de que se bendigan
los anillos y de tenerlos a mano en el momento de la
ceremonia.

También puede haber *padrinos de cojines*, quienes
se encargan de que la novia y el novio tengan algo suave
donde arrodillarse durante la ceremonia. Los *padrinos
de ramos* se encargan de que la novia tenga varios ramos
de flores. Uno de los ramos lo tira la novia durante el
baile a todas las solteras presentes. Se supone que quien
lo agarra será la siguiente en casarse. La novia ofrece
otro ramo a la Virgen María o Nuestra Señora de
Guadalupe al concluir la ceremonia religiosa.

Casi todos las bodas latinas se celebran en la iglesia.
La recepción puede incluir una comida o no, pero es
lo más seguro que incluye baile. El tipo y el tamaño
de la boda varían según las circunstancias, pero por
lo general, en ellas abundan la música, la comida y
la alegría. Después de todo, una boda significa el
comienzo de una nueva *familia*, la familia de los
recién casados.

MUERTE

La pérdida de un ser querido es una ocasión muy triste para la familia latina, aunque la iglesia enseñe que debe haber júbilo porque el difunto ha pasado a mejor vida, la vida eterna. Los funerales dan la oportunidad de que los parientes estén juntos—familia nuclear y extensa, amigos y conocidos. Todos juntos, se ayudan unos a otros a llevar el dolor y a regocijarse de que la vida continúa.

Tradicionalmente, la comunidad se enteraba del fallecimiento por medio de una *esquela de defunción*, un aviso que se ponía en un periódico, o a veces se pegaba en las paredes en casas y edificios céntricos (una papeleta). Ésta es una costumbre que sigue en vigencia en algunos lugares. Una de estas *esquelas* incluye el nombre de la persona que ha fallecido, la hora y el lugar de las honras fúnebres y una lista de los deudos.

Otra manera de indicar un fallecimiento es con una *corona* de flores colgada en la puerta de la casa del difunto o en la de su oficina. A veces, en vez de corona, se ponía una cinta ancha negra o morada. Ninguna de estas costumbres es tan común hoy día como antes, pero ciertas familias latinas aún las practican, por respeto al difunto y a sus deudos.

Al saber del fallecimiento, los amigos de la familia solían mandar flores a la casa del difunto, pero en nuestros días, es más común que se lleven a la funeraria donde se harán las honras fúnebres. Anteriormente, cuando el velorio era en la casa, las mujeres de la familia preparaban el cadáver; hoy día, esto lo hace el personal de la funeraria donde se hace el velorio. Los deudos organizan el rosario, el servicio religioso (una misa de cuerpo presente, por ejemplo) y el entierro o la cremación.

Los latinos indican su duelo o luto con el color de la ropa. En el velorio y entierro, hay que llevar ropa negra o, por lo menos, de color oscuro, para indicar la tristeza y el dolor. Los hombres muchas veces se ponen una banda negra en el brazo. Las mujers a veces se cubren la cara con un velo negro. Una viuda se viste de negro durante muchos meses, a veces hasta un año, pero esta costumbre se está perdiendo.

Otra costumbre latina importante es la visita a la tumba de los seres queridos el 2 de noviembre, Día de los muertos o de los difuntos. Para esa fecha todos los años se limpia la tumba, se colocan flores y, en ciertos lugares, se junta toda la familia en el cementerio. Así se estrechan los lazos familiares y se recuerda que *la familia* incluye tanto a los muertos como a los vivos.

Capítulo 7

LA FAMILIA LATINA CAMBIA

La sociedad está forzando a los latinos a cambiar ciertas creencias y maneras de comportarse. Muchas familias mantienen sus tradiciones, pero a veces es necesario cambiar para adaptarse a la época en que se vive.

LAS FAMILIAS LATINAS DEL PASADO

En el pasado, dos creencias eran la base de la familia latina: el hombre era superior y la mujer tenía que respetar su autoridad, lo que popularmente se conoce como "machismo". El hombre trabajaba para ganar el sustento, era el protector y tomaba todas las decisiones por sí solo, sin consultar con la esposa ni nadie de la familia. La mujer era esposa, madre y ama de casa, la que cuidaba de los niños. Los hombres siempre tenían más opciones—de trabajo, de seguir estudios universitarios, de casarse o quedarse solteros. Y también las serias responsabilidades de mantener a la familia y decidir qué era lo mejor para todos y cada uno de sus miembros.

Las mujeres no iban a trabajar fuera de sus casas y, en la mayoría de los casos, no iban a la universidad. Muchas veces sólo se graduaban de escuela primaria o de secundaria. A las mujeres se les enseñaba a cocinar, coser y limpiar. Se debían casar y tener hijos. Como madres, tenían que enseñar a los hijos la conducta apropiada

En familias latinas tradicionales, la madre se quedaba en casa para atender a los hijos.

Los padres latinos siempre han tenido una relación estrecha con sus hijos.

y la religión de la familia. Tenían que inculcarles el amor y respeto por el padre. Era muy poco común que una latina trabajara fuera de su casa. Y si lo hacía, los mejores empleos que podía obtener eran secretaria, maestra y enfermera. No podía ser médico, abogado o líder político.

Entre los adolescentes, los muchachos tenían mucha más libertad que las muchachas. Ellas, por ejemplo, tenían que salir con chaperón o chaperona, pero ellos no. Las muchachas tenían que regresar a su casa más temprano que los muchachos y, simplemente, no podían ir a todo lugar donde quisieran, como ellos. Los padres cuidaban tanto a las muchachas para protegerlas y para que no avergonzaran a la familia, porque si no se comportaban decentemente, traían deshonra a la familia. De los muchachos se esperaba que ellos mismos se cuidaran y, además, les daban ánimo para que aprendieran las cosas del mundo. Todo lo que aprendían las muchachas era lo doméstico.

LAS FAMILIAS LATINAS DE HOY

Hoy día, los papeles masculinos y femeninos no se mantienen en la forma tradicional entre los latinos, por lo menos no hasta donde se mantenían en el pasado. La actitud hacia el matrimonio y la familia son muy distintos hoy día.

Por un lado, las mujeres tienen más oportunidades— pueden seguir estudios universitarios y estudiar lo que quieran. Pueden ser médico, abogado, ingeniero, astronauta, o cualquier otra profesión. Pueden decidir tener hijos y quedarse en casa con ellos, pero también pueden trabajar fuera de casa. A veces, las esposas hasta pueden ganar más que los esposos.

Muchos esposos consideran que estos cambios han mejorado su estilo de vida. Ahora el matrimonio es una sociedad en la cual ambos socios, los cónyuges, toman las decisiones juntos. Sirve de mucho que la mujer gane un

sueldo, así como que el hombre ayude con los quehaceres domésticos. Hoy día, más mujeres hacen trabajo por sueldo y más hombres ayudan a cocinar, limpiar y cuidar de los niños. El hogar es responsabilidad de *ambos* cónyuges, *ambos* tienen la misma responsabilidad por la conducta de los hijos.

Hoy día, muchos padres latinos ayudan a sus hijos en la casa.

Otra diferencia es que anteriormente las parejas tenían descendencia apenas se casaban y actualmente no. Muchos no ven la necesidad de tener hijos enseguida y esperan unos cuantos años antes de tenerlos. En primer lugar, se establecen en un buen empleo, ahorran y obtienen una buena residencia, todo lo cual es importante para una familia joven. Además, pueden decidir no tener tantos hijos como sus padres o sus abuelos.

Finalmente, hoy día los latinos aceptan que a veces es necesario el divorcio. Anteriormente, no había la libertad de hacerlo, la religión lo prohibía. El matrimonio era de por vida, aunque fuera un mal matrimonio. La religión de muchos latinos todavía está en contra del divorcio y muchos consideran sagrada la unión matrimonial. Pero es cada día más común que se acepte que a veces hay muy buenas causas para divorciarse. Por ejemplo, ciertos hombres pierden el control y tratan con violencia física a su esposa y a sus hijos. A veces puede que no haya violencia física pero los cónyuges no se pueden poner de acuerdo en nada y discuten constantemente. En ciertas circunstancias, el divorcio puede ser mejor para los niños, porque pueden tener una vida más tranquila.

Estos cambios han resultado tras mucha lucha y muchos argumentos en las familias latinas. Algunos, especialmente los hombres de más edad, consideran que estas nuevas prácticas y actitudes van a destruir todo lo bueno de la *familia* tradicional. El estándard doble sigue en pie: se espera que las mujeres sean "buenas" o decentes mientras que los hombres tienen muchísima más libertad para hacer lo que quieren. Hombres y mujeres pueden trabajar en el mismo empleo, pero no siempre reciben igual salario. Las madres pueden trabajar fuera de casa, pero son ellas las que tienen que preparar la comida y hacer la mayor parte de los quehaceres domésticos al regresar del trabajo.

EL FUTURO DE LA FAMILIA

La vida en Estados Unidos ha forzado a muchos latinos a pensar en sus tradiciones. Nuevos papeles y tradiciones surgen para hacer frente a necesidades nuevas. Los padres y las madres que trabajan tienen que presupuestar su dinero, inculcar valores en los niños, administrar el tiempo entre el trabajo y la casa y hallar tiempo para sí mismos como cónyuges. Los hombres tienen que acostumbrarse a que sus esposas, a diferencia de sus madres, no están en casa las veinticuatro horas del día. Tienen que aceptar que sus esposas son individuos con sus propios objetivos e identidad aparte. Las mujeres tienen que entendérselas con sus empleos y las responsabilidades domésticas, aun con la ayuda de los esposos. Tal vez tengan que contribuir al bienestar económico de la familia, aunque en realidad quisieran quedarse en casa para ocuparse de los niños.

En el futuro, las familias latinas se verán frente a la necesidad de decidir qué prácticas y creencias tradicionales mantener y cuáles cambiar. Algunas continuarán, pero el cambio es inevitable. Tal vez se podrá mantener lo bueno de antes y aceptar lo bueno de ahora. Sea como sea, *la familia* seguirá siendo fuente de amor, apoyo y orgullo en la identidad latina.

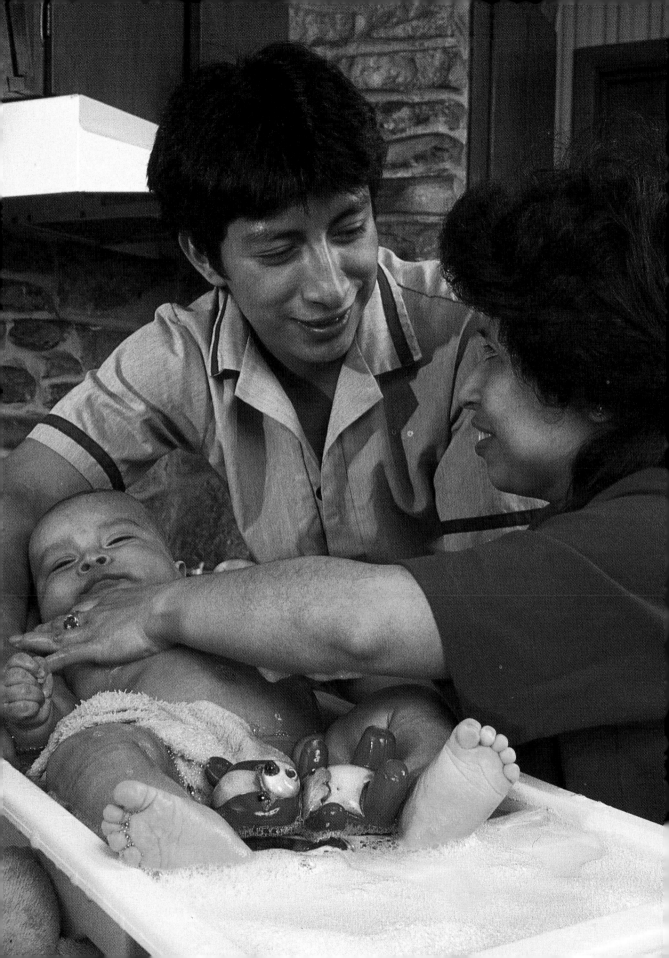

Organizaciones latinas

Las siguientes organizaciones facilitan información, guía, ayuda económica o asistencia jurídica a familias latinas.

Aspira Association, Inc.
1112 16th Street N.W., Suite 340
Washington, DC 20036
    Organización nacional sin fines de lucro. Proporciona recursos a niños y adolescentes latinos para que se mantengan en la escuela.

League of United Latin American Citizens
    Organization (LULAC)
400 First Street N.W., Suite 721
Washinton, DC 20001
    LULAC se entiende con asuntos sociales, políticos y económicos que afectan a los latinos y hace investigaciones al respecto. Por ejemplo, LULAC ha encontrado empleo y vivienda para muchos latinos.

National Association of Latino Elected
    and Appointed Officials (NALEO)
3409 Garnet Street
Los Angeles, CA 90023
    NALEO es una organización de investigaciones, sin fines de lucro, que se ocupa de asuntos que afectan a la comunidad latina: niños pobres, empleos federales y naturalización o ciudadanía.

National Coalition of Hispanic Health
    & Human Services Organizations
    (COSSMHO)
1501 16th Street N.W.
Washington, DC 20036

COSSMHO es un grupo de organizaciones nacionales que se preocupan por mejorar los servicios de salubridad y sociales para los latinos. Sus actividades incluyen programas de educación sobre el SIDA y programas para personas que se fugan de sus casas.

National Council of La Raza
810 First Street N.E., Suite 300
Washington, DC 20002-4205
    Organización sin fines de lucro que trata de aumentar las oportunidades para los hispanos por medio de programas en inglés, para ayudarles a obtener vivienda adecuada, para ayudar a los ancianos.

National Hispanic Family
2170 Case Avenue
North Hollywood, CA 91605
    Este grupo ayuda a familias latinas, especialmente para prevenir la drogadicción. También da clases de inglés y de preparación para la naturalización y ciudadanía.

National Hispanic Scholarship Fund
    (NHSF)
P.O.Box 728
Novato, CA 94948
    NHSF ayuda a estudiantes latinos a completar su educación. Proporciona becas a estudiantes universitarios subgraduados y de posgrado.

GLOSARIO

anillos: Aros o sortijas que se ponen las personas cuando se casan.

apellido: El nombre por el cual se conoce a todos los miembros de una familia.

de soltera: El apellido de una mujer antes de casarse.

arras: Monedas para representar buena suerte en el matrimonio.

auto-: Parte de una palabra que significa a sí mismo, a uno mismo; autoestima: estimarse a sí mismo, cuidarse; autorrespeto: respeto a uno mismo, atenderse; autovalorarse: reconocer que uno es especial, útil y comprensivo.

ciudadano,-a: Persona que disfruta de todos los derechos y deberes de un país.

cojines: Almohadillas en que se arrodillan los novios durante la ceremonia nupcial.

compadrazgo: Compromiso o lazo que se setablece entre los padres y los padrinos de una criatura; y entre la criatura y sus padrinos de bautismo.

compromiso: Allegarse a alguien; ser fiel a alguien.

consanguinidad: Parentesco natural de personas que descienden de una misma raíz o tronco.

cónyuges: El esposo y la esposa.

cortejo: Vieja costumbre latina por la cual un joven y una joven se trataban para conocerse antes de casarse. Era una manera antigua de "salir" juntos, pero siempre con la idea del matrimonio.

cultura: Las creencias, costumbres y reglas de conducta de un determinado grupo de personas.

chaperón, chaperona: Persona que acompaña a una pareja joven cada vez que salen juntos.

descendencia: Los hijos de un matrimonio.

deudos: Parientes de la persona fallecida.

día de los muertos: El día de los difuntos, cuando los latinos hacen actividades en honor de los seres queridos ya fallecidos.

dignidad: Orgullo de ser quien es cada uno; comportarse de la mejor manera posible.

esquela de defunción: Anuncio que se pone en un periódico para informar el fallecimiento de alguien. Cuando se coloca en las paredes se puede llamar también papeleta.

familia extensa: Los miembros de la familia fuera de la familia nuclear: primos, tíos, padrinos, etc.

familia nuclear: El padre, la madre y los hijos.

fe: Creencia en algo, aunque no se pueda ver ni tocar.

generaciones: Los parientes del pasado, presente y futuro. Los abuelos son la generación del pasado, los padres del presente, los hijos nacidos y por nacer la del futuro.

identidad: Las costumbres y creencias que forman una cultura.

lazo: Aquí, un rosario largo que representa la unidad durante la ceremonia nupcial.

lealtad: Estar de parte de una persona o grupo, cualquiera que sea la circunstancia.

machismo: La creencia de que los hombres son superiores a las mujeres.

materno: Perteneciente a la madre.

multigeneracional: Que consta de varias generaciones— abuelos, padres, hijos y, a veces, tatarabuelos.

obligación: Lazo entre personas; deuda que se contrae con otro.

paterno: Perteneciente al padre.

patriarcado: Cuando el padre es el que manda y toma todas las decisiones de la familia.

pedida de mano: Ocasión formal en que un hombre "pide la mano en matrimonio" a la familia de la mujer, es decir, pide permiso para casarse con ella. Se puede decir también petición de mano.

respeto: Preocuparse por los demás y obedecer a los mayores.

responsabilidad: El deber y la obligación de hacer lo correcto.

ritual: Cualquier evento especial o ceremonia para celebrar algo importante en la vida de un miembro de la familia. Bautizos, bodas y funerales, y hasta fiestas de cumpleaños, son rituales.

simbolismo: Cosas o prácticas que tienen un significado especial.

tradición: Manera de hacer las cosas tal como se hacían desde mucho tiempo atrás.

valores: Las cosas más importantes de la vida: amor, lealtad, fe, familia, respeto propio y a los demás.

vástagos: Descendencia, los hijos de una familia.

BIBLIOGRAFÍA

Álvarez, Robert R., Jr. "The Family." In *The Hispanic American Almanac*, edited by Nicolás Kanellos. Detroit: Gale Research, 1993.

Anaya, Rudolfo A. *Bless Me, Ultima*. Berkeley, Calif.: Tonatiuh/Quinto Sol, 1972.

Augenbraum, Harold, and Ilan Stavans, eds. *Growing Up Latino: Memoirs and Stories*. New York: Houghton Mifflin, 1993.

Bachelis, Faren. *The Central Americans*. New York: Chelsea House, 1990.

Catalano, Julie. *The Mexican Americans*. New York: Chelsea House, 1988.

Gann, L. H., and Peter J. Duignan. "Strangers from Many Lands: The Dominican Republic," in *The Hispanics in the United States: A History*. Boulder, Colo.: Westview Press, 1986.

Gernaud, Renée. *The Cuban-Americans*. New York: Chelsea House, 1988.

Grenquist, Barbara. *Cubans*. New York: Franklin Watts, 1991.

Kuklin, Susan. *How My Family Lives in America*. New York: Bradbury Press, 1992.

Larsen, Ronald J. *The Puerto Ricans in America*. Rev. ed. Minneapolis: Lerner Publications, 1989.

Mohr, Nicholasa. *Nilda*. New York: Harper & Row, 1973.

Westridge Young Writers Workshop. *Kids Explore America's Hispanic Heritage*. Santa Fe, N.Mex.: J. Muir, 1992.

Yglesias, José. *The Truth About Them*. New York: World, 1971.

ÍNDICE

abuelos   15-16, 19
ahijado   29
antepasados   6
autorrespeto   25

barrera lingüística   20-22
bautizo, bautismo   28-29
boda(s)   32-33
brechas generacionales   17-22

catolicismo   26
compadrazgo   28
compadres   28
compromiso   8
corona   34
cortejo   31

chaperón, chaperona   31, 39

Día de los muertos   35
divorcio   40
duelo   34

esquelas   34
Estados Unidos, vida en   17-22

familia extensa   10-11
    estructura   36-42
    multigeneracional   17-22
    nuclear   9
    papeles que cambian   36-42
    papeles tradicionales   13-16
    valores   23-24
fe   26-27
funerales   34-35

generaciones   13-16

hombres, papeles que cambian   39-41

identidad (grupo vs. individual)   7
idioma español   20-22
    inglés   20-22

iglesia católica   26

lealtad   23
libertad, muchachos vs. muchachas
    39

madres   13-15
madrina   29
matrimonio   31-33
    papeles que cambian
        39-41
muerte   34-35
mujeres, papeles que cambian
    36-42

nacimiento   28
nombres   11-12

obligación   8
organizaciones para familias latinas
    44

padres   13-15, 19
padrinos   29-30
    de anillos   33
    de arras   33
    de cojines   33
    de lazo   33
patriarcado   13
pedida de mano   31
protestantismo   26

religión   26-27
respeto   25-26
    a la autoridad   25
responsabilidad   8
rituales   28

tradición   13
    cambios   41-42

valores   23-27